Für:

Von:

Was wir haben,
können wir verlieren,
aber doch niemals,
was wir sind.

Wilhelmine von Hillern

Man muss
sein Glück teilen,
um es zu
multiplizieren.

Marie von Ebner-Eschenbach

**Freundschaft**
ist wie ein Baum.
Es zählt nicht, wie groß er ist,
sondern wie tief
seine **Wurzeln** reichen.

Sprichwort

Es steht schlimm
um einen Menschen,
an dem man nicht
einen einzigen
sympathischen Fehler
entdecken kann.

Benjamin Disraeli

Der beste Weg,
einen **Freund** zu haben,
ist der, selbst einer
zu sein.

Ralph Waldo Emerson

# Freundschaft

ist die Blüte des Augenblicks
und die Frucht der Zeit.

August von Kotzebue

Es lohnt sich schon,
etwas Schweres auf sich zu nehmen,
wenn man es einem Menschen
damit leichter macht.

Stefan Zweig

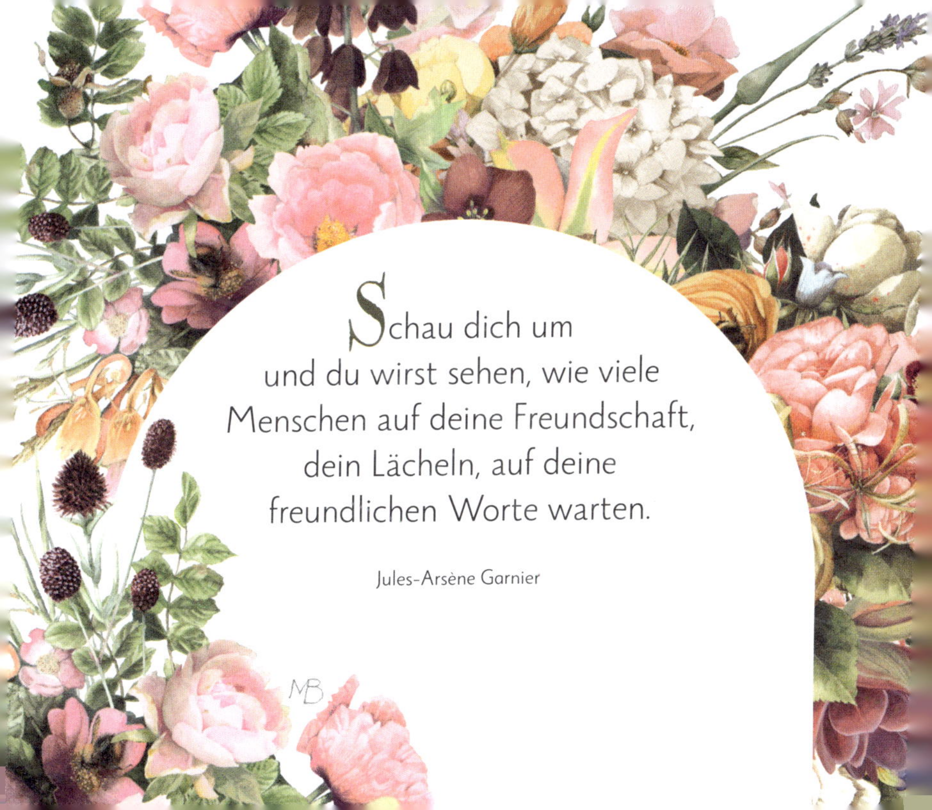

Schau dich um
und du wirst sehen, wie viele
Menschen auf deine Freundschaft,
dein Lächeln, auf deine
freundlichen Worte warten.

Jules-Arsène Garnier

EINE GUTE FREUNDIN
KENNT ALLE DEINE GESCHICHTEN.
DEINE BESTEN HAT SIE ALLE
MIT DIR ERLEBT.

Sprichwort

Was für Kraft doch
in euch Frauen steckt,
und in den zartesten
am meisten.

Clara Blüthgen

Wir müssen nicht immer nur
versuchen herauszufinden,
was uns trennt,
sondern was wir
gemeinsam haben.

John Ruskin

# Lachen

ist kein schlechter Anfang
für eine Freundschaft und
bei Weitem das beste Ende.

Oscar Wilde

Ich wünsche für die Frauen
keine Macht über Männer,
aber die Macht über sich selbst.

Mary Wollstonecraft

Liebe ist Eigenliebe zu zweit.

Madame de Staël

Kann uns
ein größeres Glück widerfahren,
als für eine Weile die Dinge
mit den Augen des anderen
betrachten zu können?

Henry David Thoreau

Zur Freundschaft gehört,
dass wir einander gleichen,
einander in einigem übertreffen,
einander in einigem nicht erreichen.

Jean Paul

Die wichtigsten Dinge im Leben
kann man nicht kaufen:

**Freundschaft, Liebe,
Träume und Zeit.**

Sprichwort

# Ich denke, wünschen hilft.

Rahel Varnhagen von Ense

**Werde,** was du noch nicht bist,
**bleibe,** was du jetzt schon bist,
in diesem Bleiben und diesem Werden
liegt alles Schöne hier auf Erden.

Franz Grillparzer

# FREUNDSCHAFT IST LIEBE OHNE FLÜGEL.

Lord Byron

Das Leben bedeutet
eine fast lückenlose Reihe
gemeinsamer Entdeckungen.

Gerhart Hauptmann

Ich war schon immer der Ansicht,
dass das größte Privileg,
die größte Hilfe und der größte Trost
in einer Freundschaft darin besteht,
dass man nichts erklären muss.

Katherine Mansfield

Was man zu verstehen gelernt hat,
fürchtet man nicht mehr.

Marie Curie

Die **wichtigste Stunde**
ist immer die Gegenwart,
der **bedeutendste Mensch**
immer der, der dir gerade
gegenübersteht, und das
notwendigste Werk
ist immer die **Liebe.**

Meister Eckhart

Es gibt
Freundinnen im Leben
und es gibt

FREUNDINNEN
FÜRS LEBEN.

Sprichwort

# Die grösste Ehre,

die man einem Menschen
antun kann, ist die,
dass man zu ihm
Vertrauen hat.

Matthias Claudius

Der eigentliche Kern der Freundschaft:
**ein Glauben, ein Hoffen, ein gemeinsames Werk!**
Es liegt eine große Freude darin.

Annette von Droste-Hülshoff

Zwei Freunde müssen sich
**im Herzen** ähneln,
in allem anderen können sie
grundverschieden sein.

Sully Prudhomme

Möge stets jemand
an deiner Seite sein,
der in dein Lachen einstimmt
und deine Lieder kennt.

Irischer Segenswunsch

# Ich habe ein paar Blumen
# für dich nicht gepflückt,
# um dir ihr Leben mitzubringen.

Christian Morgenstern

Es gibt zwei Arten,
für Licht zu sorgen:
Man kann die Kerze sein
oder der Spiegel,
der sie reflektiert.

Edith Wharton

Ältere Bekanntschaften
und Freundschaften
haben vor neuen
vor allem das voraus,
dass man sich einander
schon viel verziehen hat.

Johann Wolfgang von Goethe

Seid Idealisten bis ins Greisenalter.
Idealisten, die eine Idee verkörpern.
Dann habt ihr gelebt.

Paula Modersohn-Becker

DIE MENSCHEN,
DENEN WIR
EINE STÜTZE SIND,
GEBEN UNS
DEN HALT IM LEBEN.

Marie von Ebner-Eschenbach

Finde dich,
sei dir selbst treu,
lerne dich verstehen,
folge deiner Stimme,
nur so kannst du
das Höchste erreichen.

Bettina von Arnim

Die Fähigkeit,
Freundschaften zu gewinnen,
ist unter allem, was
Weisheit zur Glückseligkeit
beitragen kann, bei weitem
das Bedeutendste.

Epikur

Der Heiterkeit sollen wir,
wann immer sie sich einstellt,
Tür und Tor öffnen,
denn sie kommt nie
zur unrechten Zeit.

Arthur Schopenhauer

Denke immer daran,
dass es nur eine wichtige Zeit gibt:
**Heute. Hier. Jetzt.**

Leo N. Tolstoi

In der **Freundschaft**
zählt nicht Alter, weder Rang noch
Verwandtschaft und Beziehung.
Wer einen Freund sucht,
sucht den Charakter.

Mong Dsi

Ein **Freund** ist jemand,
zu dem ich aufrichtig sein kann.
In seiner Gegenwart
darf ich laut denken.

Ralph Waldo Emerson

Hingeschwunden sind die Stunden
unserer Freundschaft wie Sekunden.
Dich vergessen, Freundin?
Nein!
**Unser Bund soll ewig sein.**

Poesiealbumspruch

Dem Vogel ein Nest,
der Spinne ein Netz,
dem Menschen
Freundschaft.

William Blake

Licht und Luft heilen,
und Ruhe heilt,
aber den besten Balsam
spendet doch ein gütiges Herz.

Theodor Fontane

NICHTS GEHT
ÜBER DAS VERGNÜGEN,
JEMAND IN DER WELT ZU WISSEN,
AUF DEN MAN SICH GANZ
VERLASSEN KANN.

Friedrich von Schiller

Auf den Wegen
der Freundschaft
soll man kein Gras
wachsen lassen.

Marie Thérèse Geoffrin

Alles Leid ist Einsamkeit,
alles Glück Gemeinsamkeit.

Richard Dehmel

In der Süße der Freundschaft
soll Lachen sein und gemeinsame Freude.
Denn im Tau einfacher Dinge findet das Herz
seinen Morgen und Erfrischung.

Khalil Gibran

Das beste Mittel,
jeden Tag gut zu beginnen,
ist beim Erwachen daran zu denken,
ob man nicht wenigstens einem Menschen
an diesem Tag eine Freude machen könne.

Friedrich Nietzsche

# Ein Freund ist jemand, bei dem du du selbst sein darfst.

Frank Crane

# Starke Frauen bestärken Frauen.

Lebensweisheit

**Du** bist etwas zwischen
einem **Traum** und
einem **Wunder.**

Elizabeth Barrett-Browning

# Freundschaft

ist eine Tür
zwischen zwei Menschen.
Sie kann manchmal knarren,
sie kann klemmen,
aber sie ist nie verschlossen.

Baltasar Gracián y Morales

# Lachen und Lächeln

sind Tor und Pforte,
durch die viel Gutes
in den Menschen
hineinhuschen kann.

Christian Morgenstern

Es ist schön,
mit jemandem
schweigen
zu können.

Kurt Tucholsky

FREUNDINNEN
sind Menschen,
die nicht nach dem Weg fragen,
sondern ihn einfach
MIT DIR GEHEN.

Sprichwort

Kein Leben ist so schwer,
dass du es
nicht durch die Art,
wie du es nimmst,
leichter machen kannst.

Ellen Glasgow

MAN MUSS SICH GEGENSEITIG HELFEN, DAS IST EIN NATURGESETZ.

Jean de La Fontaine

Seine Feinde muss man nehmen,
wie und wo man sie findet –,
meine Freunde kann ich mir aussuchen.

Arthur Schnitzler

Verpasste Gelegenheiten
kommen nicht wieder.
Aber sie lehren uns,
neue wahrzunehmen.

Henriette Hanke

Denn es muss
von Herzen gehen,
was auf Herzen
wirken soll.

Johann Wolfgang von Goethe

# LEBE, SEI GLÜCKLICH UND MACH ANDERE GLÜCKLICH.

Mary Shelley

# FREUNDSCHAFT

ist zweifellos der beste Balsam
gegen die Wunden einer
enttäuschten Liebe.

Jane Austen

Glück ist das Einzige,
was wir anderen geben können,
ohne es selbst zu haben.

Carmen Sylva

So ist das Leben
und so muss man es nehmen,
tapfer, unverzagt und lächelnd –
trotz alledem.

Rosa Luxemburg

Wir wollen uns immer die Hände halten,
damit wir uns nicht zu tief in die Falten
des unendlichen Lebens verlieren.

Franziska Stoecklin

Die Sprache
der Freundschaft
besteht nicht aus Worten,
sondern aus Bedeutungen.

Henry David Thoreau

Es ist nie zu spät,
das zu werden,
was man hätte sein können.

George Eliot

Einen wahren Freund muss man mit **beiden Händen** festhalten.

Aus Nigeria

Was der Sonnenschein
für die Blumen,
ist das lachende Gesicht
für die Menschen.

Joseph Addison

Gibt es eine bessere Form,
mit dem Leben fertig zu werden,
als mit Liebe und Humor?

Charles Dickens

Man kommt in der Freundschaft nicht weit, wenn man nicht bereit ist, kleine Fehler zu verzeihen.

Jean de La Bruyère

**Die Kraft,** zu lieben,
die Gesundheit, sich, das Leben,
Freundschaft und Geist zu genießen
und zu erwidern, ist **der Zauber,**
der alles bezwingt.

Ludwig Tieck

GIBT ES ETWAS
BEGLÜCKENDERES,
ALS EINEN MENSCHEN ZU KENNEN,
MIT DEM MAN SPRECHEN KANN
WIE MIT SICH SELBST?

Marcus Tullius Cicero

Mut ist,
immer wieder
zu beginnen.

Carmen Sylva

# Riskiere etwas!

Riskiere was auch immer ...!
Tu, was dir am schwersten fällt.
Handle deinetwegen.
Blicke der Wahrheit ins Gesicht.

Katherine Mansfield

Selbst denken ist der höchste Mut.

**Wer wagt, selbst zu denken, der wird auch selbst handeln.**

Bettina von Arnim

# BEGLÜCKE DU,

so wirst du
glücklich sein.

Victor Blüthgen

Es gibt nichts
SCHÖNERES,
als geliebt zu werden,
geliebt um seiner selbst willen
oder vielmehr: trotz seiner selbst.

Victor Hugo

Alles ist möglich,
so du nur tatkräftig
und unabhängig bist
und die Gelegenheit
beim Schopfe packst.

Elizabeth von Arnim

Du musst **deinen Freund**
mit allem, was an ihm ist,
in deinen Arm und
deinen Schutz nehmen.

Matthias Claudius

Jeder Tag ist ein neuer Anfang.

George Eliot

Mehr als alles andere ist

AUFMERKSAMKEIT

ein Akt des sich Verbindens.

Julia Margaret Cameron

Die Freundschaft
und die Liebe
schenken Blumen.

Franz Grillparzer

Geliebt und
verstanden werden
ist das größte
Glück.

Honoré de Balzac

Die **Freundschaft**
fließt aus vielen Quellen,
am reichsten aber
aus dem **Respekt.**

Daniel Defoe

Menschen, die das,
was sie tun,
auch genießen,
sind immer
eine gute
Gesellschaft.

Samuel Butler

Wirklich gute Freunde sind Menschen,
die uns genau kennen
und trotzdem zu uns halten.

Marie von Ebner-Eschenbach

MAN KANN DIE MENSCHEN
NUR RICHTIG VERSTEHEN,
WENN MAN SIE LIEBT.

Rosa Luxemburg

Schönes ist überall,
wenn nur Augen da sind,
um es zu sehen.

Carmen Sylva

**Freundschaft**
währt am längsten, wenn sie
mit dem gegenseitigen Versprechen,
sich immer die Wahrheit zu sagen,
besiegelt wird.

Ralph Waldo Emerson

Die Frau ist das **Herz** der Welt,
und dieses Herz ist dazu berufen,
sich gegen alles Ungerechte
und Gemeine aufzulehnen.

Luise Büchner

# Wahre Freundschaft

ist eine sehr langsam
wachsende Pflanze.

George Washington

# Freunde sind wie Sterne -

man sieht sie nicht immer,
aber man weiß,
dass sie immer da sind.

Sprichwort

Der Kopf begreift manches,
was dem Herzen
unverständlich bleibt,
und umgekehrt.

Marianne von Willemer

Gäbe man einem Menschen
alle Herrlichkeit der Welt,
was hilft's,
wenn er keinen Freund hat,
dem er es sagen kann?

Catharina Elisabeth Goethe

Wenn du einen Menschen
glücklich machen willst,
dann füge nichts
seinem Reichtum hinzu,
sondern nimm ihm einige
von seinen Wünschen.

Epikur

Die einzige Rose
ohne Dornen
ist die Freundschaft
in dieser Welt.

Christina von Schweden

DER STEIG WAR STEIL,
doch wagten wir's gemeinsam ...
Und heut noch helfen wir uns,
Hand in Hand.

Christian Morgenstern

Der Strauß, den ich gepflücket,
grüße dich vieltausendmal!
Ich habe mich oft gebücket,
ach, wohl eintausendmal,
und ihn ans Herz gedrücket
wie hunderttausendmal!

Johann Wolfgang von Goethe

**Ein Rat:** Pass auf dich auf.

**Eine Bitte:** Ändere dich nicht.

**Ein Wunsch:** Vergiss mich nicht.

**Die Wahrheit:** Bleib, wie du bist.

Poesiealbumspruch

GEMEINSAMKEITEN
machen eine Beziehung angenehm,
interessant wird sie jedoch
erst durch die kleinen
VERSCHIEDENHEITEN.

Konfuzius

Die schönsten,
angenehmsten Tage
sind nicht die, an denen großartige,
aufregende Dinge passieren,
sondern die mit den einfachen,
netten Augenblicken, die sich
aneinanderreihen wie Perlen
auf einer Schnur.

Lucy Maud Montgomery

Denn dem Glück,
geliebt zu werden,
gleicht kein ander Glück auf Erden.

Johann Gottfried Herder

**Ich wünsche dir**
die zärtliche Ungeduld des Frühlings,
das milde Wachstum des Sommers,
die stille Reife des Herbstes und
die Weisheit des erhabenen Winters.

Irischer Segenswunsch

Freude lässt sich
nur voll auskosten,
wenn sich ein
anderer mitfreut.

Mark Twain

Nichts bringt uns
auf unserem Weg
besser voran als eine

# Pause.

Elizabeth Barrett-Browning

Wo sich
zwei Menschen umarmen,
da bilden sie einen Kreis.

Friedrich Hebbel

ICH HABE
ALLES IN MIR,
WODURCH ICH
WIRKEN KANN.

Hildegard von Bingen

Nichts Größeres
kann ein Mensch schenken
als sein ganzes Vertrauen.
Keine Gabe erhöht so sehr
den Geber
und Empfänger.

Henry David Thoreau

# Nicht der Geist allein, das Herz sei frei!

Louise Aston

# Alte Freunde

sind wie alter Wein,
er wird immer besser;
und je älter man wird,
desto mehr lernt man
dieses unendliche Gut
zu schätzen.

Franz von Assisi

# Der Schlüssel

zum Herzen der Menschen
wird nie unsere Klugheit, sondern
immer unsere Liebe sein.

Hermann von Bezzel

# Die Gedanken sind weiter als der Himmel.

Emily Dickinson

NICHTS
in der Welt
ist so ansteckend
wie Lachen und
gute Laune.

Charles Dickens

Kein Mann ist imstande,
die weibliche Vernunft
zu begreifen.
Deshalb gilt sie als Unvernunft.

Eleonora Duse

Einen Menschen wissen,
der dich ganz versteht,
der in Bitternissen
immer zu dir steht,
der auch deine Schwächen
liebt, weil du bist sein;
dann mag alles brechen,
du bist nie allein.

Marie von Ebner-Eschenbach

Man kann
ohne Liebe Holz hacken,
Ziegel formen, Eisen schmieden.
Aber man kann nicht
ohne Liebe mit Menschen umgehen.

Leo N. Tolstoi

Das Lächeln,
das du aussendest,
kehrt zu dir zurück.

Aus Indien

Ich will geliebt sein
oder ich will begriffen sein.
DAS IST EINS.

Bettina von Arnim

Ein Freund
ist wie ein zweites Ich.

Marcus Tullius Cicero

Weißt du,
worin der Spaß des Lebens liegt?
Sei lustig! – Geht es nicht,
so sei vergnügt.

Johann Wolfgang von Goethe

Wofür leben wir,
wenn nicht dafür,
das Leben füreinander
einfacher zu gestalten?

George Eliot

Eure Freunde
sind die Antwort
auf eure Sehnsüchte.

Khalil Gibran

Nimm dich in acht
vor negativen Selbstgesprächen.
Denke daran:
Du bist diejenige, die zuhört.

Lebensweisheit

Ich habe begriffen,
dass es reicht, wenn man
mit den Menschen
zusammen ist,
die man mag.

Walt Whitman

# Großzügigkeit
ist das Wesen der Freundschaft.

Oscar Wilde

Vertrauen ist keine edle Tat, wie viele meinen; Vertrauen kann gewirkt werden durch Einsicht und Güte, Liebe, wenn Sie wollen; und ich kann niemandem mehr schuldig sein als dem, der mir Vertrauen ablockt. Den verehre ich, der entzückt mich, das ist mein geliebter Freund, dem ich alles sagen kann; dem ich sehr viel nicht zu sagen brauche, der mich ganz durchsieht.

Rahel Varnhagen von Ense

Alles, was die Seele
durcheinanderschüttelt,
ist Glück.

Arthur Schnitzler

Mögest du warme Worte
an einem kalten Abend haben,
Vollmond in einer dunklen Nacht
und eine sanfte Straße
auf dem Weg nach Hause.

Irischer Segenswunsch

# GLÜCK

ist ein Wunderding.
Je mehr man gibt,
desto mehr hat man.

Madame de Staël

Einen **glücklichen Menschen** zu finden ist besser als eine Fünfpfundnote. Er ist der Inbegriff strahlender Freundlichkeit. Und wenn er den Raum betritt, so scheint es, als wäre noch ein Licht angezündet worden.

Robert Louis Stevenson

Ein freundliches
Lächeln kann
drei Wintermonate
erwärmen.

Aus Japan

Mit Kummer kann man allein fertig werden,
aber um sich aus **vollem Herzen freuen** zu können,
muss man die Freude teilen.

Mark Twain

Eine **Freundin** ist jemand,
der an dich glaubt,
wenn du selbst nicht mehr
an dich glauben kannst.

Sprichwort

LASST EUCH
GEGENSEITIG GELTEN;
VERSTEHT EINANDER!

Swami Vivekananda

FREUNDSCHAFT,
DAS IST
EINE SEELE
IN ZWEI KÖRPERN.

Aristoteles

Nach „lieben" ist

„helfen"

das schönste Zeitwort der Welt.

Bertha von Suttner

# Teilnahme

ist der goldene Schlüssel,
der die Herzen
anderer öffnet.

Samuel Smiles

Frauen sind
erst dann erfolgreich,
wenn niemand mehr
überrascht ist,
dass sie erfolgreich sind.

Emmeline Pankhurst

Und doch ist Wunder diese ganze Welt,
und nichts in ihr ist einfach und gewöhnlich.
Denn deine Welt und meine – steht und fällt
mit dir, mit mir: Sie ist durchaus persönlich.

Christian Morgenstern

Lasst uns dankbar sein gegenüber
Menschen, die uns glücklich machen.
Sie sind die liebenswerten Gärtner,
die unsere Seele zum Blühen bringen.

Marcel Proust

ALLE SCHÄTZE
DIESER ERDE
WIEGEN EINEN
GUTEN FREUND
NICHT AUF.

Voltaire

Marjolein Bastin

FSC www.fsc.org
MIX
Papier | Fördert gute Waldnutzung
FSC® C104723

Mineralöl freie Druckfarbe

ISBN 978-3-649-64615-0

Hafenweg 30, 48155 Münster, Germany
Illustration: © 2025 Marjolein Bastin
Grafische Gestaltung: Stefanie Bartsch
Redaktion: Antonia Pieper

www.coppenrath.de